# Willi Waschbär

## Glen Keane

hänssler
KINDERLAND

# Zur Erinnerung an
# Marcey Brandt

HÄNSSLER-VERLAG KG
Bismarckstr. 4, 73765 Neuhausen-Stuttgart


Übersetzung: Uta Müller



Printed in the United States of America

ISBN 3-7751-2302-4
Artikel Nr. 392.302

hänssler
KINDERLAND

An einem weit entfernten Ort auf der Welt
liegt ein geheimnisvoller Wald.

Dort herrscht König Leo,
ein mächtiger Löwe. Seine Augen
sind überall und beobachten alles.

Auf Willi Waschbär
muß er am meisten
achtgeben.

Denn Willi ist ein verspielter kleiner
Waschbär, der funkelnde und glitzernde Dinge
ganz besonders liebt.

»Sie paßt!« ruft Willi.

Aber als Willi versucht,
die Krone wieder abzusetzen,
steckt sie fest.

»Soll ich dir helfen?«
fragt König Leo.

»Nein, nein, das kann ich schon selbst!« knurrt Willi.

Aber nachdem Willi lange gezogen und gezerrt hat, jammert er mit einer weinerlichen Stimme:

»Ich glaube, du mußt mir doch helfen.«

König Leo beugt sich zu ihm herunter.
PLOPP! Und schon hat er die Krone
in seiner Hand.

»Ich sollte die Krone
doch besser selbst tragen«,
sagt König Leo.

»Ja, du hast recht«,
gesteht sich Willi ein.
»Jetzt muß ich aber weiter!«

Und er rennt davon,
um sich seiner Lieblings-
beschäftigung zu widmen…

...Schwimmen!

PLATSCH

Er schwimmt auf seinem Rücken…

…und spielt mit seinen Freunden.

Willi darf überall schwimmen,
wo er möchte – außer…

…in dem »See der Versuchung«,
wo das Wasser funkelt und glitzert.
Dieser See ist der schönste
im Reich von König Leo, …

...aber auch der gefährlichste!
Ein Schwimmer kann ganz leicht
von der Strömung fortgerissen
werden und den brausenden
Wasserfall hinunterstürzen.

Deshalb stellt König Leo ein Schild auf.
Darauf steht:
Schwimmen verboten!

Willi ist enttäuscht.
Er möchte doch so gern in dem
»See der Versuchung« schwimmen.

»Ach!« sagt der
blaue Eichelhäher,
»du glaubst doch nicht etwa,
was dir König Leo erzählt?«

»Wie meinst du das?«
fragt Willi.

»Sieh dir den See an!
Nennst du das gefährlich? Er ist ganz friedlich«,
sagt der blaue Eichelhäher, »er funkelt sogar.«

Und dann flüstert er:
»Spring doch hinein.
Es wird dir bestimmt
gefallen.«

»Toll. Wer kann mich
hier schon sehen?«
sagt Willi.

Als er sich vergewissert hat,
daß ihn niemand beobachtet, …

…macht er einen Kopfsprung!

Es ist sogar noch wundervoller,
als er es sich vorgestellt hat.

»Aah! Der blaue Eichelhäher hatte recht.
Ich fühle mich ja soo wohl hier.«

Plötzlich bemerkt Willi, daß er schneller wird.
Er ist ja überhaupt nicht mehr in dem See!

Er versucht, zurückzuschwimmen,
aber die Strömung ist zu stark.

Sie reißt ihn immer weiter vom See fort.
Er nähert sich mehr und mehr…

…dem brausenden Wasserfall.

»Hilfe!« schreit Willi, als das Tosen
des Wasserfalls immer lauter wird.

Willis Freunde hören seinen Schrei
und kommen angerannt.

Der Bär sagt: »Ich kann ihm nicht helfen.
Ich bin zu dick, und ich würde untergehen.«

Der Hase meint:
»Ich kann ihm auch nicht helfen.
Ich kann nämlich nicht schwimmen.«

»Und ich kann ihm auch nicht helfen.
Ich bin zu klein«, sagt die Schildkröte.

»Wer war das?« rufen sie alle.

»KÖNIG LEO!«

Der Wasserfall donnert laut, als Willi
gerade den Abhang hinunterrutscht.
In letzter Sekunde greift König Leo
nach Willi und nimmt ihn in seine
kräftigen Arme.

Er wirft Willi ans Ufer.

Dann verschwindet der mutige König Leo vor Willis Augen im trüben, dunklen Wasser.

Er ist fort!

Willi kann nur noch daran denken,
wie König Leo sein Leben für ihn
eingesetzt hat.

Plötzlich

raschelt es im Gebüsch,
und…

…König Leo kommt heraus. Er lebt!

Willi schmiegt sich in seine Arm
»Oh, König Leo. Ich habe einen
großen Fehler gemacht!
Wie kann ich das je
wiedergutmachen?«

König Leo sagt mit einem Lächeln:
»Alles, was ich von dir möchte, ist,
daß du mir nachfolgst und vertraust.«

Und Willi ging fröhlich mit.

Erzählen Sie Ihren Kindern auch Geschichten, durch die sie etwas lernen können? Geschichten zu erzählen, um die Wahrheit zu vermitteln, ist nicht neu. Jesus selbst hat oft Gleichnisse und Parabeln erzählt.

Auch wir verwenden oft Gleichnisse, um unseren Kindern etwas zu sagen.

Die Geschichten von Willi Waschbär und König Leo veranschaulichen Gottes Wort in einer Sprache, die Kinder verstehen können. »Willi Waschbär und der brausende Wasserfall« ist eine Parabel über die Rettung. Gottes Liebe wird in König Leos Opfer veranschaulicht. Beginnen Sie ein Gespräch mit Ihren Kindern, wenn Sie ihnen dieses Buch vorlesen. Stellen Sie Fragen wie: »An wen erinnert dich König Leo? Inwiefern ist König Leo wie Jesus?«

Die Antworten der Kinder werden Ihnen einen Einblick in ihr Verstehen geben und Ihnen eine Tür für weitere Gespräche über unsere Erlösung durch Jesus öffnen.

Für einige Kinder wird diese Geschichte ein weiterer Schritt dazu sein, Jesus und sein Erlösungsangebot besser kennenzulernen. Andere werden vielleicht dazu bereit, Jesus als ihren persönlichen Heiland anzunehmen.